Juro lealtad

Michelle Jovin, M.A.

Yo sé decir el
juramento de lealtad.

Juro lealtad a la Bandera

de los Estados Unidos de América,

y a la República

que representa,

una Nación ante Dios,

indivisible,

con libertad y justicia para todos.

Hago una promesa con la mano en el corazón.

Juro lealtad a la Bandera

de los Estados Unidos de América,

y a la República

que representa,

una Nación ante Dios,

indivisible,

con libertad y justicia para todos.

Las personas
muestran lealtad.
Son fieles.

Juro **lealtad a la Bandera
de los Estados Unidos de América,**

y a la República

que representa,

una Nación ante Dios,

indivisible,

con libertad y justicia para todos.

La república es la forma
de dirigir el país.
La bandera es un
símbolo de la república.

Juro lealtad a la Bandera

de los Estados Unidos de América,

y a la República

que representa,

una Nación ante Dios,

indivisible,

con libertad y justicia para todos.

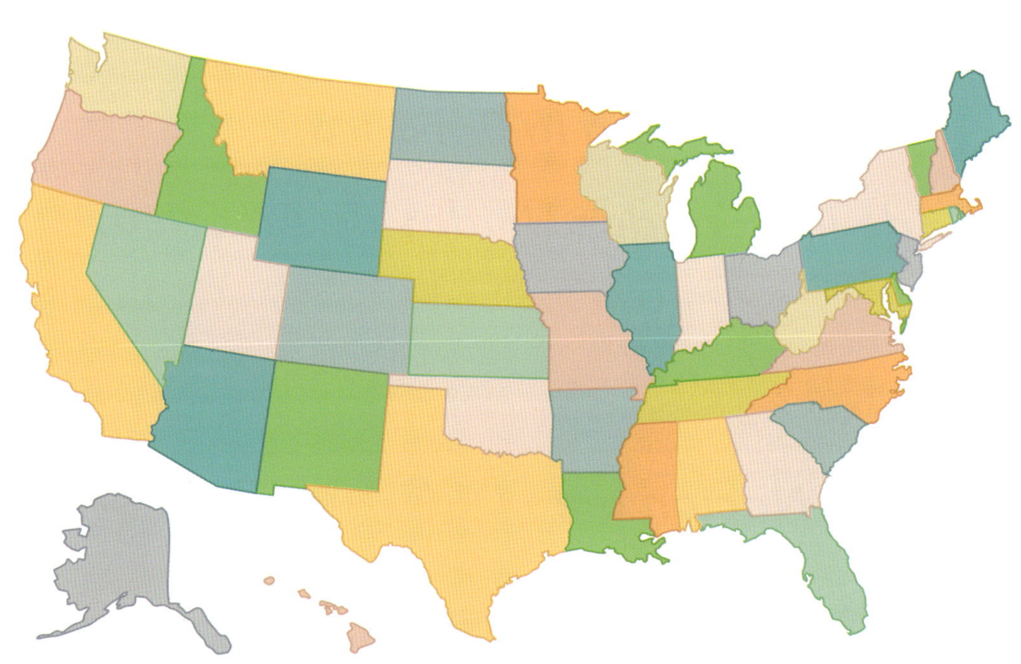

La nación es el país.

Juro lealtad a la Bandera

de los Estados Unidos de América,

y a la República

que representa,

una Nación ante Dios,

indivisible,

con libertad y justicia para todos.

Las personas son
indivisibles.
Están juntas.

Juro lealtad a la Bandera

de los Estados Unidos de América,

y a la República

que representa,

una Nación ante Dios,

indivisible,

con libertad y justicia para todos.

Las personas son
libres.

Juro lealtad a la Bandera

de los Estados Unidos de América,

y a la República

que representa,

una Nación ante Dios,

indivisible,

con libertad y justicia para todos.

Las personas quieren
recibir un trato justo.

Juro lealtad a la Bandera

de los Estados Unidos de América,

y a la República

que representa,

una Nación ante Dios,

indivisible,

con libertad *y justicia para todos.*

El juramento

Cada niño pone su mano derecha en el corazón. Respiran hondo.

Luego, comienzan.
Dicen: "Juro lealtad
a la bandera".

Civismo en acción

Hay muchas maneras de mostrar amor por el país. Podemos decir el juramento. Podemos vestirnos de rojo, blanco y azul.

1. Celebra un día rojo, blanco y azul en la escuela.

2. Usa ropa de esos colores. Cuelga carteles y banderas.

3. Di el juramento. Canta canciones sobre el país.